COLLECTION FOLIO

Y'EN AURA POUR TOUT LE MONDE

LES HISTOIRES DE COLUCHE
RACONTÉES PAR REISER

Albin Michel

© *Reiser et les Restaurants du Cœur, 1989.*

Ces dessins sont comme des coups de griffe qui écorchent le papier. Le trait réduit au minimum va à l'essentiel. Reiser n'avait plus de temps à perdre, pourtant parfois son pinceau humide d'attendrissement s'attarde sur un buisson de fleurs ou une crinière de femme.

Quelques heures avant de nous quitter, il était venu dans la maison magique de Coluche, près du Parc Montsouris, où nous avons passé d'inoubliables soirées. Coluche, bête de scène, ne sachant vivre sans une cour d'amis.

Constamment drôle comme s'il était toujours devant un micro ou une caméra. Se vantant de ne jamais ouvrir un livre. Et Reiser, secret, dévoreur de livres, passionné par les techniques nouvelles de la science, esprit curieux, incisif. Ces deux-là se complétaient, s'estimaient, s'aimaient. Tous deux anciens pauvres adorant jouer avec le pouvoir de l'argent. Je ne sais pas ce que Reiser aurait pensé des Restos du Cœur. Le caritatif l'aurait sans doute laissé dubitatif. Sceptique comme tous les humoristes, il réservait ses générosités à ceux qu'il aimait. Mais ça l'aurait amusé sans

doute que ses dernières blagues servent à faire du bien. Peu d'absents sont restés aussi présents que Reiser et Coluche. Pendant que nous vieillissons, eux demeurent toujours jeunes. Ils ont lavé la tête de toute une génération.
La génération Reiser et Coluche.

WOLINSKI

FAUT-IL ÊTRE SUPERSTITIEUX ?

FAUT-IL ÊTRE SUPERSTITIEUX ?

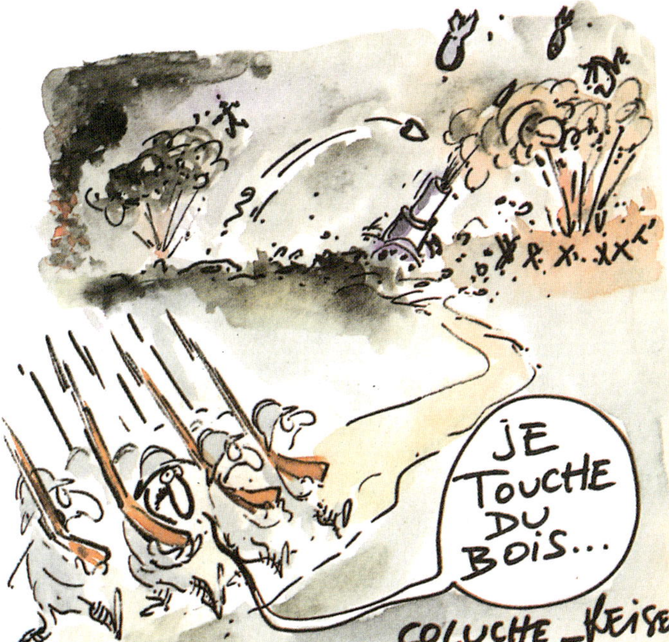
JE TOUCHE DU BOIS...
COLUCHE _ KEISER

CHÉRI, QU'EST-CE QUE C'EST UN PÉNIS ?
AH MON AMOUR, TU SAURAS ÇA CE SOIR
JUST MARIED
EH BIEN CHÉRIE, TU PEUX VENIR VOIR UN PÉNIS
AH MAIS JE CONNAIS !... C'EST COMME UNE BITE MAIS EN PLUS PETIT

O.K LE COMPTE Y EST, VOUS POUVEZ EMMENER LA GUENON
ET ON VA PARTIR EN VACANCES TOUS LES DEUX!
1

MAIS JE VEUX PAS QU'ON TE METTE DANS LA SOUTE DE L'AVION!
ALORS JE VAIS TE METTRE DU ROUGE À LÈVRES...
...DES CHAUSSURES UNE PETITE ROBE, UN PETIT CHAPEAU...
ET ON NE SE DOUTERA DE RIEN!

→

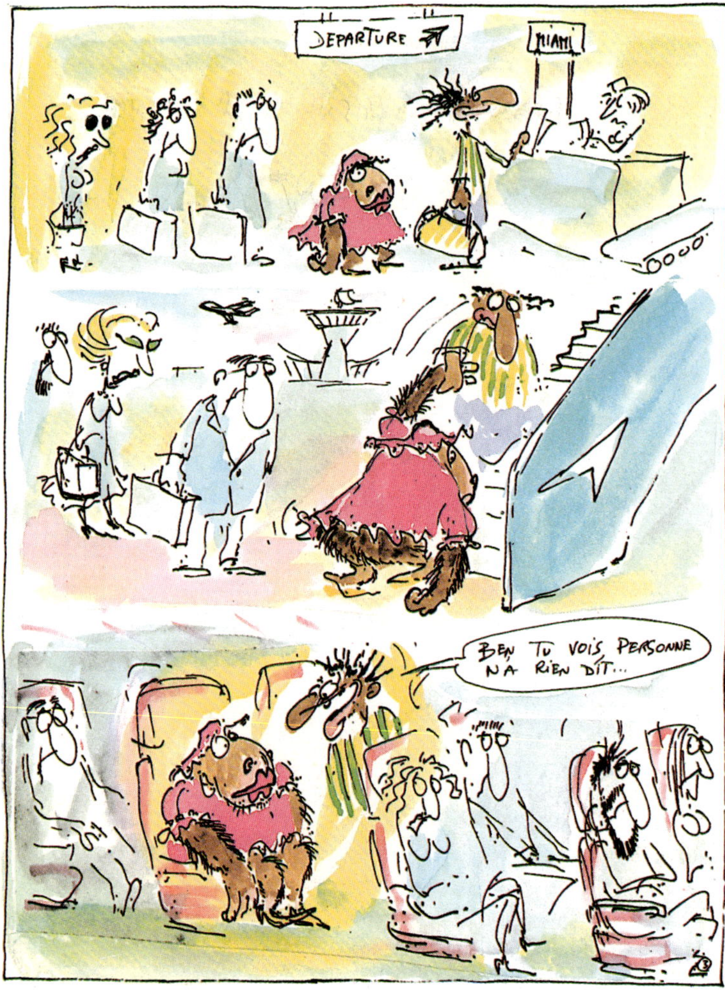
DEPARTURE
MIAMI
BEN TU VOIS PERSONNE N'A RIEN DIT...

RRRRR...
JE NE COMPRENDS PAS...
COMMENT UNE AUSSI JOLIE PETITE JUIVE PEUT SORTIR AVEC UN NÈGRE PAREIL !...
RRRR
zzz
RRR
FIN

DIS-DONC, SARAH...
À L'ÉCOLE, QUAND ON NOUS TAPAIT SUR LA TÊTE EN NOUS TRAITANT DE SALES PETITS JUIFS...
T'ÉTAIS AVEC MOI ?
BEN OUI, J'ÉTAIS AVEC TOI !
DIS-DONC SARAH...
QUAND ON A ÉTÉ EMBARQUÉS À LA GRANDE RAFLE DU VEL D'HIV...
T'ÉTAIS AVEC MOI ?
BIEN SÛR QUE J'ÉTAIS AVEC TOI...

ZZZZZ

— ET A BUCHENWALD, ON ÉTAIT BIEN ENSEMBLE ?

— ÉVIDEMMENT QU'ON ÉTAIT ENSEMBLE !...

— DIS-DONC SARAH... QUAND ON S'EST ÉCHAPPÉS, QU'ON A ÉTÉ REPRIS DANS LA NEIGE PAR LES SS... T'ÉTAIS BIEN AVEC MOI ?...

— OUI OUI ! J'ÉTAIS AVEC TOI

— TU LE SAIS BIEN, ALORS, POURQUOI TU ME RÉVEILLES À CHAQUE FOIS POUR ME LE DEMANDER ?...

— BEN... JE ME DEMANDE SI TU NE ME PORTES PAS LA POISSE !

T'EN AS UN BEAU PETIT SINGE...
C'EST PAS UN SINGE, C'EST UN CHIEN !
JE TE CAUSE PAS À TOI !...

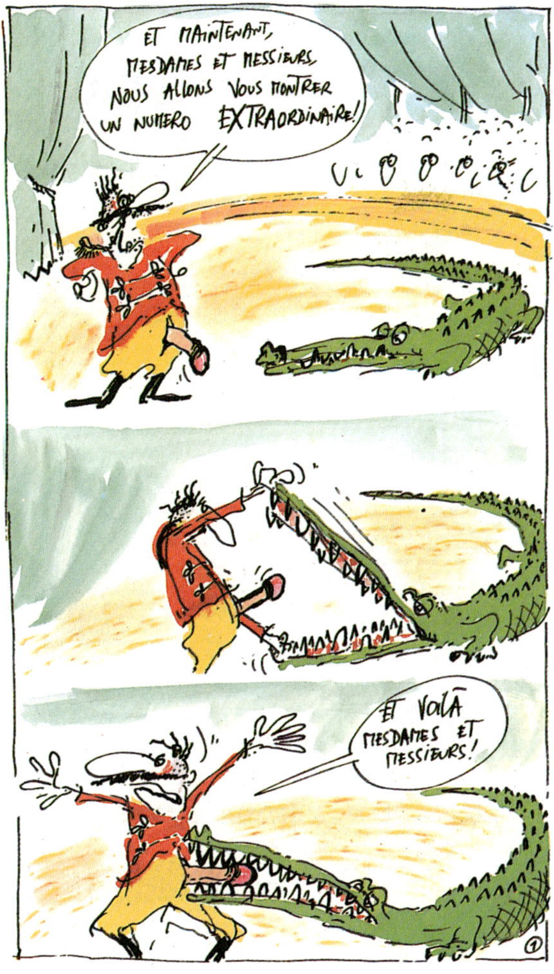

→

Y'EN AURA POUR TOUT LE MONDE (GALLIMARD) **Sig. 4**

ET MAINTENANT, MESDAMES ET MESSIEURS ENCORE PLUS FORT!
BONG
BONG
QUI DIT MIEUX MESDAMES ET MESSIEURS?...
QUI DIT MIEUX?

À PRÉSENT, NOUS ALLONS DEMANDER DANS L'ASSISTANCE SI QUELQU'UN EST CAPABLE DE FAIRE LA MÊME CHOSE !
ALLONS, ALLONS... QUI EN EST CAPABLE ?
MOI, JE VEUX BIEN, MAIS JE NE VEUX PAS QU'ON ME TAPE SUR LA TÊTE !
FIN

QUI C'EST TON PÈRE ?
C'EST L'URSS
QUI C'EST TA MÈRE ?
C'EST LA POLOGNE
C'EST QUOI TON IDÉAL ?
C'EST QU'ILS DIVORCENT !

J'AI DEUX NOUVELLES À VOUS ANNONCER!
UNE BONNE ET UNE MAUVAISE!

→

D'ABORD LA BONNE...
DOUBLE RATION DE RHUM POUR TOUT LE MONDE!
Y'AOÛOÛOÛO

ET MAINTENANT LA MAUVAISE...
SCHLAK
LE CAPITAINE A DÉCIDÉ DE FAIRE DU SKI NAUTIQUE!
FIN ③

JE VOUS LE SIGNALE... ÇA FAIT TROIS FOIS QUE LE FEU PASSE AU ROUGE, ET VOTRE CHIEN NE VOUS A TOUJOURS PAS FAIT TRAVERSER !...
1

AH VOUS FAITES BIEN DE ME LE DIRE!...
SUSUCRE SUSUCRE!...
AH BEN SI EN PLUS VOUS LUI DONNEZ DES SUCRES!
FAUT BIEN QUE JE SACHE OÙ EST LA TÊTE, SI JE VEUX LUI DONNER UN COUP DE PIED AU CUL!

C'EST POUR LA BARBE ?
OUAIS
C'EST LA PREMIÈRE FOIS QUE VOUS VENEZ ICI ?
OUAIS
FLASCH

VOUS CRACHEZ DANS LE SAVON À BARBE, VOUS ?
PARCEQUE C'EST LA PREMIÈRE FOIS QUE VOUS VENEZ...
AVEC LES HABITUÉS, JE CRACHE DIRECTEMENT DANS LA GUEULE !

QU'EST-CE QUE TU VEUX FAIRE PLUS TARD?
JE VEUX ÊTRE MEDECIN OU LAVEUR DE CARREAUX!
... PARCE QUE JE VEUX VOIR PLEIN DE FEMMES À POIL!...

JAI UN COCHON QUI SAIT COMPTER..
AH BON ?.. AH BON..
CINQ ET QUATRE ?
NEUF NEUF !...
NEUF

→

SEPT ET DEUX ?
NEUF ! NEUF ! NEUF
SIX ET TROIS ?
NEUF NEUF NEUF NEUF... NEU
HOOO HÉ DITES-DONC...
.... C'EST FACILE DE FAIRE COMPTER UN COCHON COMME ÇA...
2

NEUF... NEUF...
NEUF...
DEMANDEZ-LUI DONC COMBIEN FONT QUATRE ET QUATRE ?
NEUF... NEUF...
HUÎÎÎT
HUÎÎÎT
HUÎÎÎT

ALORS TU VIENS D'URSS ?
OUAIS
DIS-DONC, IL FAIT PAS TROP FROID LÀBAS ?
NON... ON S'Y HABITUE
ET PUIS ON A DES NICHES CHAUFFÉES...
DES NICHES CHAUFFÉES ?

OUI MAIS, IL PARAIT QUE LA NOURRITURE, C'EST PAS TERRIBLE...
AU CONTRAIRE! LÀ-BAS ILS ONT UNE NOURRITURE SPÉCIALE POUR CHIENS...
BIEN MEILLEURE QUE CELLE D'ICI
SI C'EST SI BIEN QUE ÇA, POURQUOI T'ES VENU ICI ?
BEN VOILÀ... JE SUIS VENU ABOYER UN COUP POUR VOIR COMMENT ÇA FAIT!..

DUR DUR LA VIE...

ON DEMANDE : JEUNE HOMME VIF DYNAMIQUE ET ENTREPRENANT
BZZZ
HEUEU...
POUR L'ANNONCE, JE SUIS VENU VOUS DIRE QU'IL FAUDRA PAS COMPTER SUR MOI !...
ON DEMANDE : JEUNE HOMME VIF DYNAMIQUE ET ENTREPRENANT

SI SI... SI T'AVAIS SIX CHATEAUX, TU ME DONNERAIS UN CHATEAU ?
OUI
ET SI T'AVAIS SIX VILLAS, TU ME DONNERAIS UNE VILLA ?
OUI
SI T'AVAIS SIX AUTOS, TU ME DONNERAIS UNE AUTO ?
OUI

SI T'AVAIS SIX MILLIONS, TU ME DONNERAIS UN MILLION ?
OUI
SI T'AVAIS SIX CHEMISES, TU ME DONNERAIS UNE CHEMISE ?
NON !
AH BEN... LÀ... HEU... LÀ... BEN POURQUOI ?
PARCEQUE J'AI SIX CHEMISES

OÙ ELLE EST NÉE MA PETITE SŒUR ?
AH TA PETITE SŒUR, ELLE EST NÉE DANS UNE ROSE
AH BON
ET MOI OÙ JE SUIS NÉ ?

TOI, MON CHERI, TU ES NÉ DANS UN CHOU !
ALORS VOUS BAISEZ TOUT LE TEMPS DANS LE JARDIN ?

POURQUOI TU METS UN POISSON DANS TA CULOTTE?
POUR SENTIR COMME LES GRANDES...

J'AI DEUX NOUVELLES À VOUS ANNONCER :
UNE MAUVAISE ET UNE BONNE !
LA MAUVAISE : Y A PLUS QUE DES BOUSES DE VACHES À MANGER...
LA BONNE : Y'EN AURA POUR TOUT LE MONDE !

DU MÊME AUTEUR

Aux Éditions Albin Michel

ILS SONT MOCHES
MON PAPA
LA VIE AU GRAND AIR
LA VIE DES BÊTES
ON VIT UNE ÉPOQUE FORMIDABLE
VIVE LES FEMMES
VIVE LES VACANCES
PHANTASMES
LES COPINES
GROS DÉGUEULASSE
FOUS D'AMOUR
SAISON DES AMOURS
JEANINE
LA FAMILLE OBOULOT EN VACANCES

Avec Coluche :

Y'EN AURA POUR TOUT LE MONDE

Achevé d'imprimer par Aubin Imprimeur
à Ligugé le 31 août 1992.
Dépôt légal : août 1992.
Numéro d'imprimeur : P 41191
ISBN 2-07-038541-8 / Imprimé en France.

56698